Impressum
Verlag: BABADADA GmbH, Nedderfeld 112 , 22529 Hamburg
Geschäftsführer / Verlagsleitung: Harald Hof
Druck: Books on Demand GmbH, In de Tarpen 42, 22848 Norderstedt

Imprint
Publisher: BABADADA GmbH, Nedderfeld 112 , 22529 Hamburg, Germany
Managing Director / Publishing direction: Harald Hof
Print: Books on Demand GmbH, In de Tarpen 42, 22848 Norderstedt, Germany

kool

shkolla

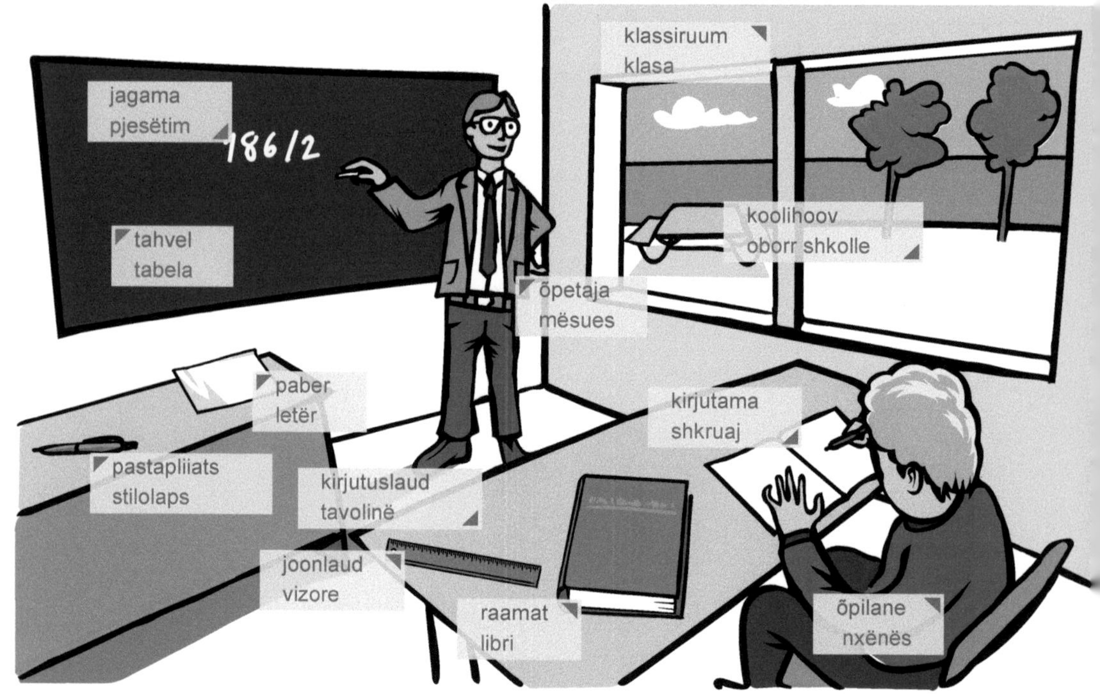
klassiruum
klasa
jagama
pjesëtim
186/2
tahvel
tabela
koolihoov
oborr shkolle
õpetaja
mësues
paber
letër
kirjutama
shkruaj
pastapliiats
stilolaps
kirjutuslaud
tavolinë
joonlaud
vizore
raamat
libri
õpilane
nxënës

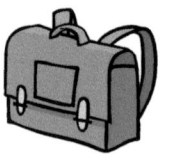

koolikott

çantë

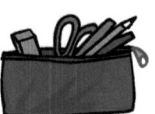

pinal

mbajtëse lapsash

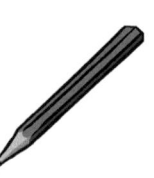

harilik pliiats

laps

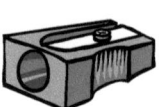

pliiatsiteritaja

mprehës lapsash

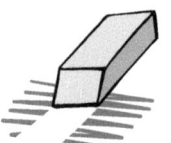

kustukumm

gomë

joonistusplokk

fletore vizatimi

joonistus

vizatim

pintsel

penel

värvikarp

kuti bojërash

käärid

gërshërë

liim

ngjitës

töövihik

fletore detyrash

kodutöö

detyrë shtëpie

12

number

numër

2+2

liitma

mbledh

5-2

lahutama

zbres

2×2

korrutama

shumëzoj

arvutama

llogaris

A

täht

gërmë

ABCDEFG HIJKLMN OPQRSTU VWXYZ

tähestik

alfabeti

sõna

fjalë

tekst

tekst

lugema

lexoj

kriit

shkumës

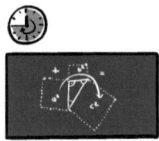

koolitund

mësim

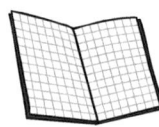

klassipäevik

regjistër

eksam

provim

tunnistus

çertifikatë

koolivorm

uniformë shkolle

haridus

arsimim

entsüklopeedia

enciklopedia

ülikool

universitet

mikroskoop

mikroskop

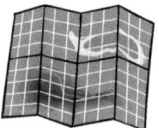

kaart

hartë

paberikorv

kosh letrash

hotell
hotel

hostel
bujtinë

ROOMS

valuutavahetuspunkt
pikë këmbimi valutor

ECHANGE

kohver
valixhe

auto
makinë

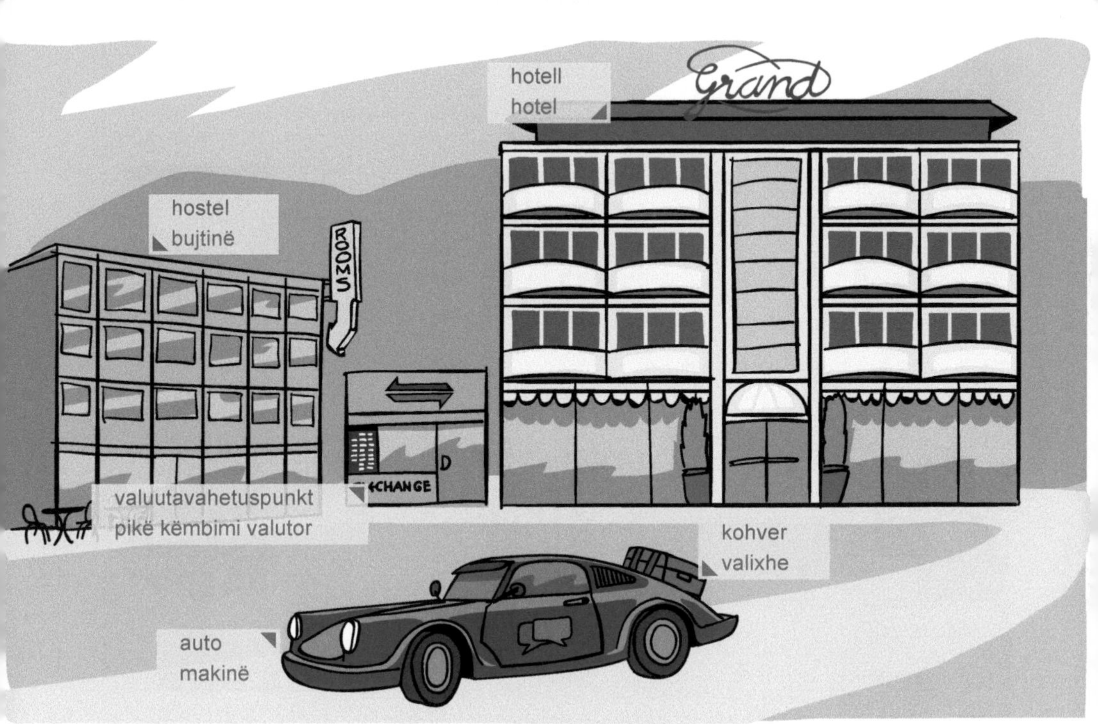

keel
gjuhë

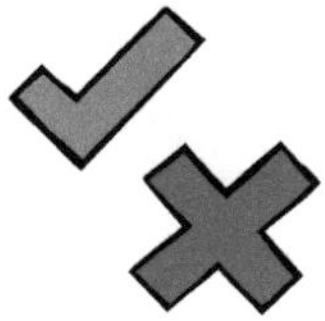

jah / ei
po / jo

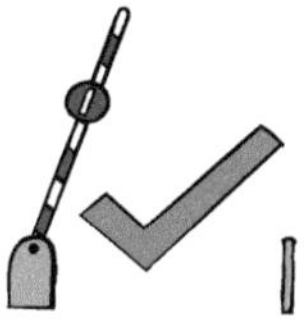

okei
Në rregull

Tere!
ç'kemi

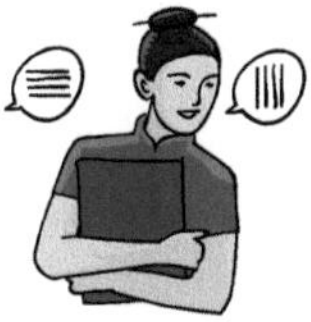

tõlk
përkthyes

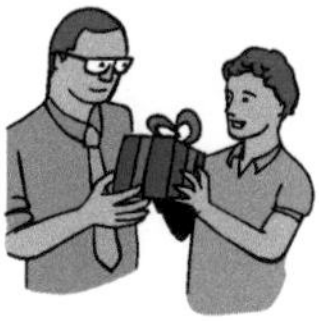

Aitäh!
Faleminderit

Kui palju maksab …?

sa kushton…?

Ma ei saa aru

nuk e kuptoj

probleem

problem

Tere õhtust!

Mirëmbrëma!

Tere hommikust!

Mirëmëngjes!

Head ööd!

Natën e mirë!

Head aega!

mirupafshim

suund

drejtim

pagas

bagazhet

kott

çantë

seljakott

çantë shpine

külaline

mysafir

tuba

dhomë

magamiskott

thes gjumi

telk

tendë

turismiinfo

informacion për turistët

rand

plazh

krediitkaart

kartë krediti

hommikusöök

mëngjes

lõunasöök

drekë

õhtusöök

darkë

pilet

Biletë

lift

ashensor

postmark

pulla

riigipiir

kufi

toll

doganë

saatkond

ambasadë

viisa

vizë

pass

pasaportë

transport

transport

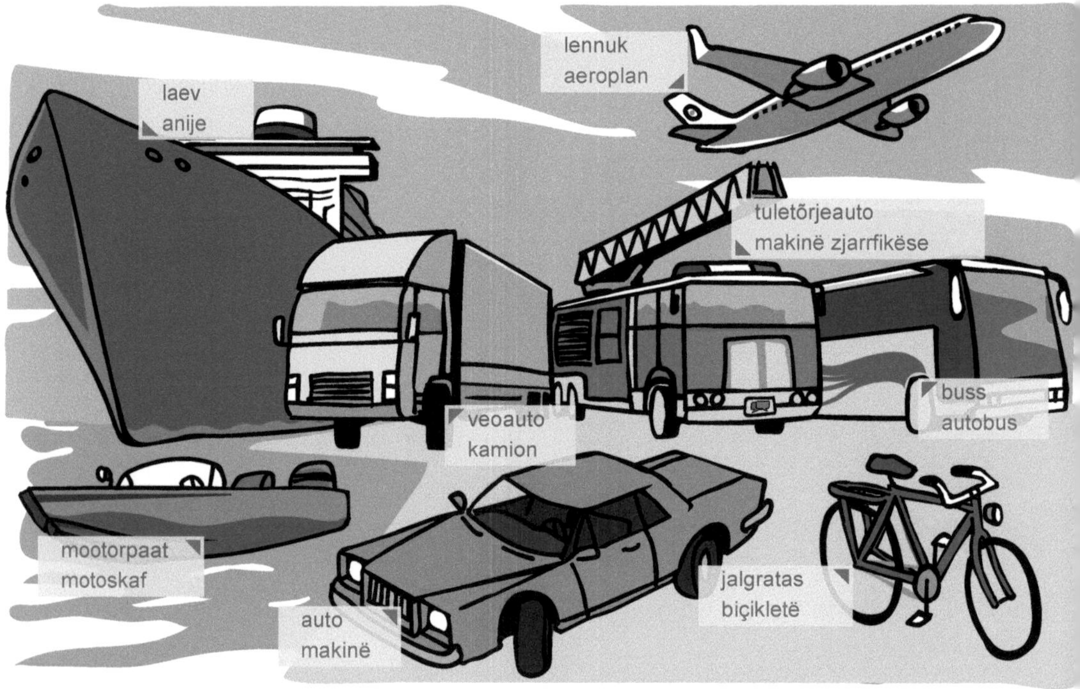
lennuk
aeroplan
laev
anije
tuletõrjeauto
makinë zjarrfikëse
buss
autobus
veoauto
kamion
mootorpaat
motoskaf
jalgratas
biçikletë
auto
makinë

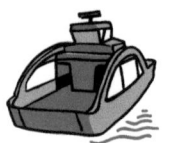

praam

traget

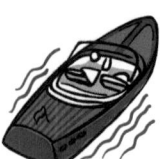

paat

varkë

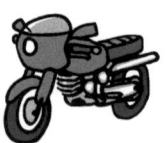

mootorratas

motoçikletë

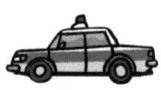

politseiauto

makinë policie

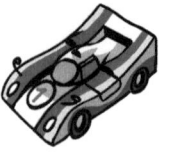

võidusõiduauto

makinë garash

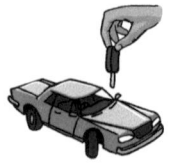

rendiauto

makinë me qira

ühisauto

ndarje e qirasë së makinës

puksiirauto

karroatrec

prügiauto

makinë plehrash

mootor

motor

kütus

benzinë

tankla

pikë karburanti

liiklusmärk

sinjalistikë trafiku

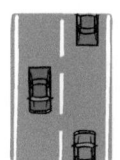

liiklus

trafik

liiklusummik

bllokim trafiku

parkla

parkim makinash

raudteejaam

stacion treni

rööpad

trase

rong

tren

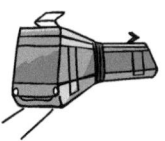

tramm

tramvaj

vagun

karro

transport - transport

helikopter
helikopter

lennujaam
aeroport

torn
kullë

reisija
pasagjer

konteiner
kontenier

pappkast
kuti kartoni

käru
qerre

korv
shportë

õhku tõusma / maanduma
ngrihem / ulem

linn

qytet

küla
fshat

kesklinn
qendra e qytetit

maja
shtëpi

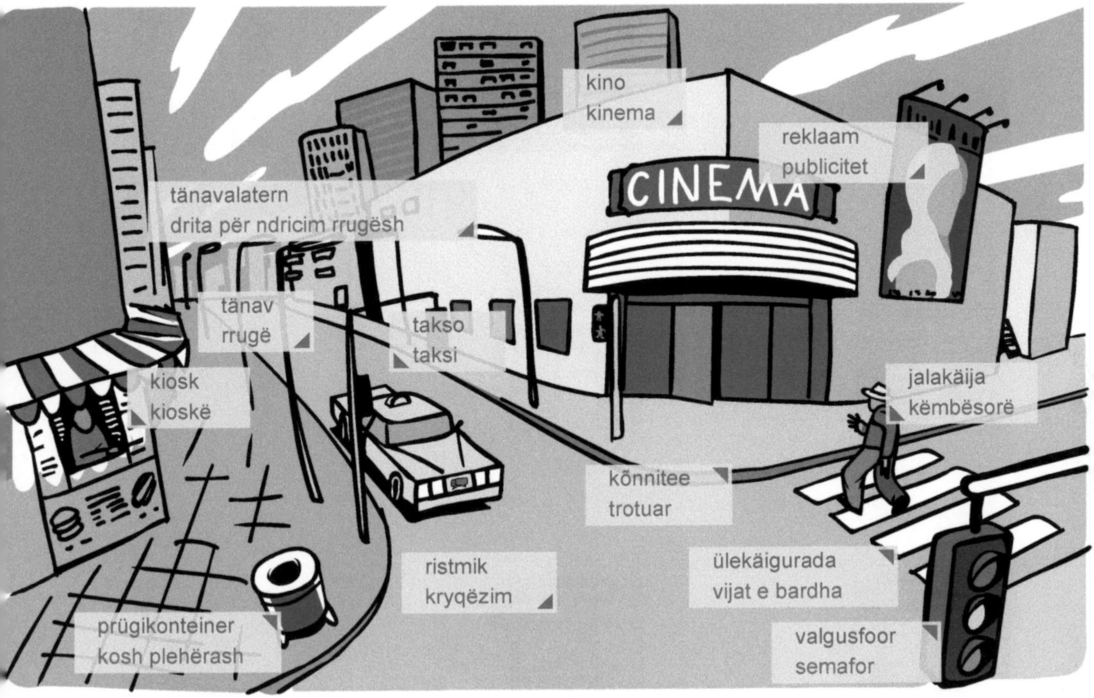

kino
kinema

reklaam
publicitet

tänavalatern
drita për ndricim rrugësh

CINEMA

tänav
rrugë

takso
taksi

jalakäija
këmbësorë

kiosk
kioskë

kõnnitee
trotuar

ristmik
kryqëzim

ülekäigurada
vijat e bardha

prügikonteiner
kosh plehërash

valgusfoor
semafor

osmik
....
kasolle

kortermaja
....
apartament

raudteejaam
....
stacion treni

raekoda
....
bashki

muuseum
....
muze

kool
....
shkolla

linn - qytet

11

ülikool

universitet

pank

bankë

haigla

spital

hotell

hotel

apteek

farmaci

kontor

zyrë

raamatupood

librari

kauplus

dyqan

lillepood

dyqan lulesh

supermarket

supermarket

turg

market

kaubamaja

mapo

kalapood

dyqan peshku

kaubanduskeskus

qëndër tregtare

sadam

port

park
park

pink
stol

sild
urë

trepp
shkallë

metroo
metro

tunnel
tunel

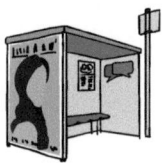

bussipeatus
stacion autobuzi

baar
bar

restoran
restorant

postkast
kuti postare

tänavasilt
sinjalistikë rrugore

parkimisautomaat
kohëmatës parkimi

loomaaed
kopsht zoologjik

ujula
pishinë

mošee
xhami

talu
....
fermë

reostus
....
ndotje

surnuaed
....
varrezë

kirik
....
kishë

mänguväljak
....
shesh lojërash

tempel
....
tempull

maastik
peisazh

leht
gjethe

teeviit
tabela orientuese

tee
rrugë

aas
livadh

kivi
gurë

matkaja
ekskursionist

puu
pemë

jõgi
lumë

rohi
bar

lill
lule

org
luginë

mägi
kodër

järv
liqen

mets
pyll

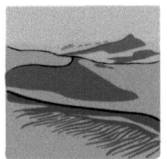

kõrb
shkretëtirë

vulkaan
vullkan

linnus
kështjellë

vikerkaar
ylber

seen
kepudhë

palm
palmë

sääsk
mushkonjë

kärbes
mizë

sipelgas
milingonë

mesilane
bletë

ämblik
merimangë

mardikas
brumbull

konn
bretkosë

orav
ketër

siil
iriq

jänes
lepur

öökull
buf

lind
zog

luik
mjellmë

metssiga
derr i egër

hirv
dre

põder
dre brilopatë

pais
digë

tuuleturbiin
turbinë ere

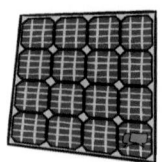

päikesepaneel
panel diellor

kliima
klimë

kelner
kamarier

menüü
menu

tool
karrige

supp
supë

pitsa
pica

söögiriistad
set ngrënieje

laudlina
mbulesë tavoline

eelroog
pjatë e parë

pearoog
pjatë kryesore

magustoit
ëmbëlsirë

joogid
pije

toit
ushqim

pudel
shishe

kiirtoit

ushqim i shpejtë

tänavatoit

ushqim i shërbyer në rrugë

teekann

ibrik çaji

suhkrutoos

kuti sheqeri

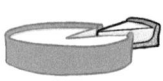

portsjon

racion

espressomasin

makinë kafeje ekspres

lastetool

karrige e lartë

arve

faturë

kandik

tabaka

nuga

thika

kahvel

pirun

lusikas

lugë

teelusikas

lugë çaji

salvrätik

pecetë

klaas

gotë

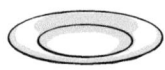

taldrik
pjatë

supitaldrik
pjatë supe

alustass
pjatë filxhani

kaste
salcë

soolatoos
mbajtëse kripe

pipraveski
mulli piperi

äädikas
uthull

õli
vaj

vürtsid
erëza

ketšup
keçap

sinep
mustardë

majonees
majonezë

supermarket
supermarket

eripakkumine
ofertë speciale
FOR
klient
klient
piimatooted
produkte bulmeti
puuviljad
frut
ostukäru
karrocë pazari

BUTCHERS

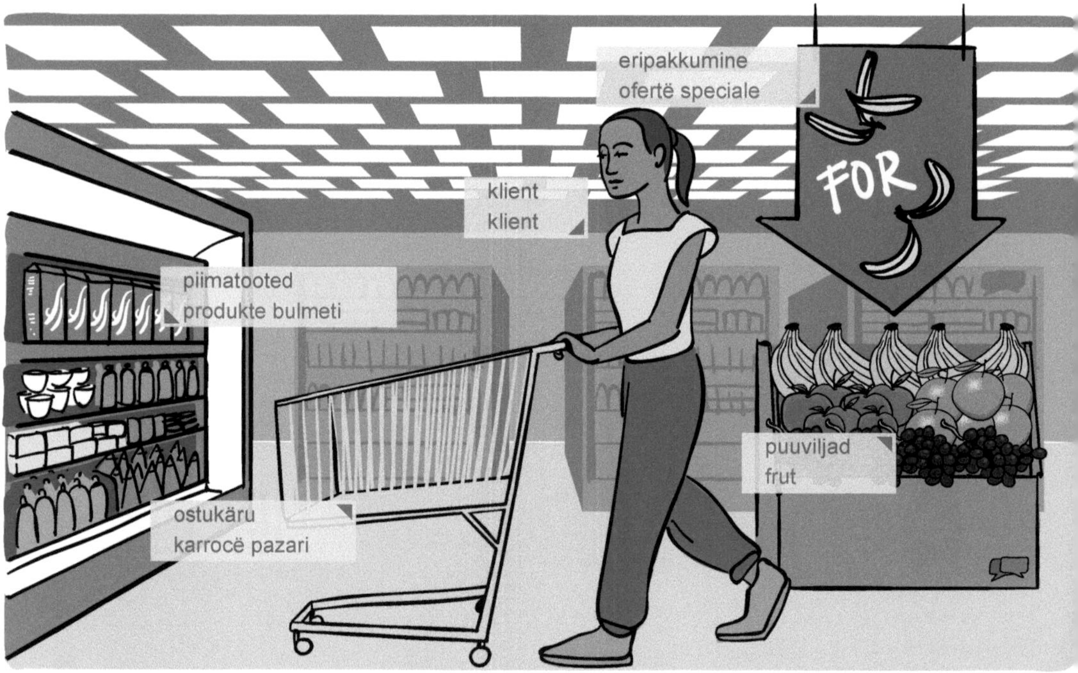

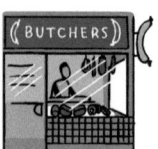

lihapood

dyqan mishi

BAKERY

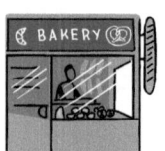

pagariäri

furrë buke

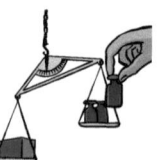

kaaluma

peshoj

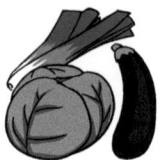

köögiviljad

perime

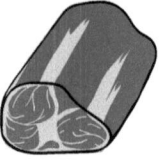

liha

mish

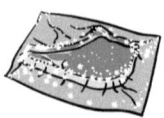

külmutatud toit

ushqim i ngrirë

lihalõigud

copë

konservid

ushqim i konservuar

pesupulber

pluhur larës

maiustused

ëmbëlsirat

majatarbed

prodhime shtëpie

puhastustooted

produkte pastrimi

müüja

shitëse

kassaaparaat

kasë fiskale

kassapidaja

arkëtar

ostunimekiri

listë blerjeje

lahtiolekuajad

oraret e punës

rahakott

portofol

krediitkaart

kartë krediti

kott

çantë

kilekott

qese plastike

vesi
....
ujë

mahl
....
lëng frutash

piim
....
qumësht

koola
....
koka-kola

vein
....
verë

õlu
....
birrë

alkohol
....
alkool

kakao
....
kakao

tee
....
çaj

kohv
....
kafe

espresso
....
kafe ekspres

cappuccino
....
kapuçino

banaan

banane

õun

mollë

apelsin

portokalle

arbuus

pjepër

sidrun

limon

porgand

karrotë

küüslauk

hudhër

bambus

bambu

sibul

qepë

seen

kërpudha

pähklid

arra

nuudlid

makarona

spagetid

spageti

riis

oriz

salat

sallatë

friikartulid

patate të skuqura

praekartulid

patate të skuqura

pitsa

pica

hamburger

hamburger

võileib

sanduiç

šnitsel

shnicel

sink

proshutë

salaami

sallam

vorst

salçiçe

kana

pulë

praeliha

skuq

kala

peshk

kaerahelbed
tërshërë

müsli
drithëra

maisihelbed
kornfleiks

jahu
miell

sarvesai
kruasant

kukkel
panine

leib
bukë

röstsai
tost

küpsised
biskotë

või
gjalp

kohupiim
gjizë

kook
tortë

muna
vezë

praemuna
vezë sy

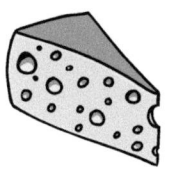

juust
djathë

jäätis

akullore

suhkur

sheqer

mesi

mjaltë

moos

marmaladë

pähklivõie

çokokrem

karri

këri

toit - ushqim

talu
fermë

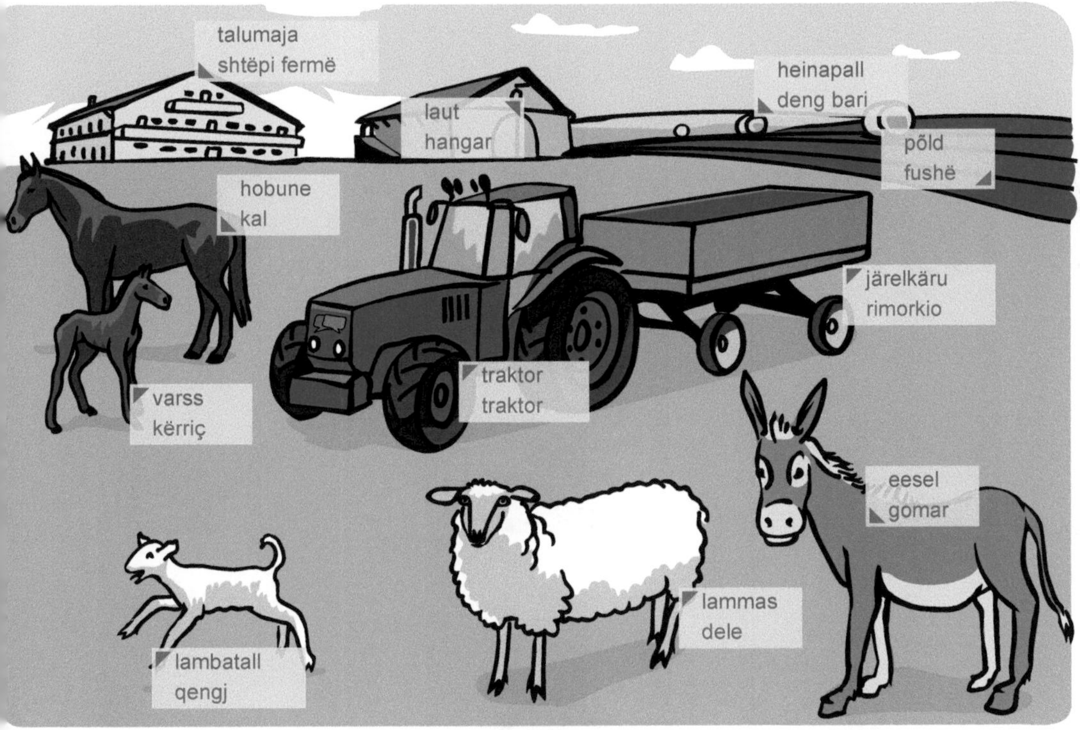
talumaja
shtëpi fermë
laut
hangar
heinapall
deng bari
põld
fushë
hobune
kal
järelkäru
rimorkio
traktor
traktor
varss
kërriç
eesel
gomar
lammas
dele
lambatall
qengj

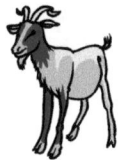

kits

dhi

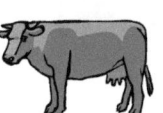

lehm

lopë

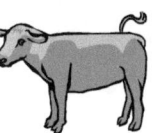

vasikas

viç

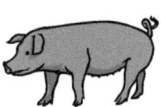

siga

derr

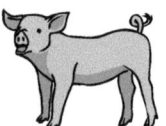

põrsas

derrkuc

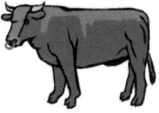

pull

dem

hani

patë

part

rosë

tibu

zog pule

kana

pulë

kukk

gjel

rott

mi

kass

mace

hiir

mi

härg

buall

koer

qen

koerakuut

kolibe qeni

aiavoolik

zorrë vaditëse

kastekann

vaditëse

vikat

kosë

ader

plug

sirp
drapër

kõblas
shat

hang
kosa

kirves
sëpatë

käru
karrocë

küna
govatë

piimanõu
bidon qumështi

kott
thes

tara
gardh

tall
ahur

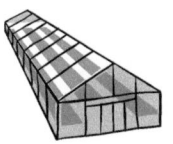

kasvuhoone
serë

muld
dhe

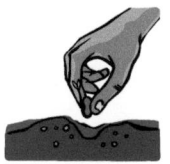

seeme
farë

väetis
pleh

kombain
autokombanjë

saaki koristama

korr

saagikoristus

te korrat

jamss

patate e ëmbël "Yam"

nisu

grurë

soja

soja

kartul

patate

mais

misër

raps

raps

viljapuu

pemë frutore

maniokk

zhardhok manioku

teravili

drithëra

maja
shtëpi

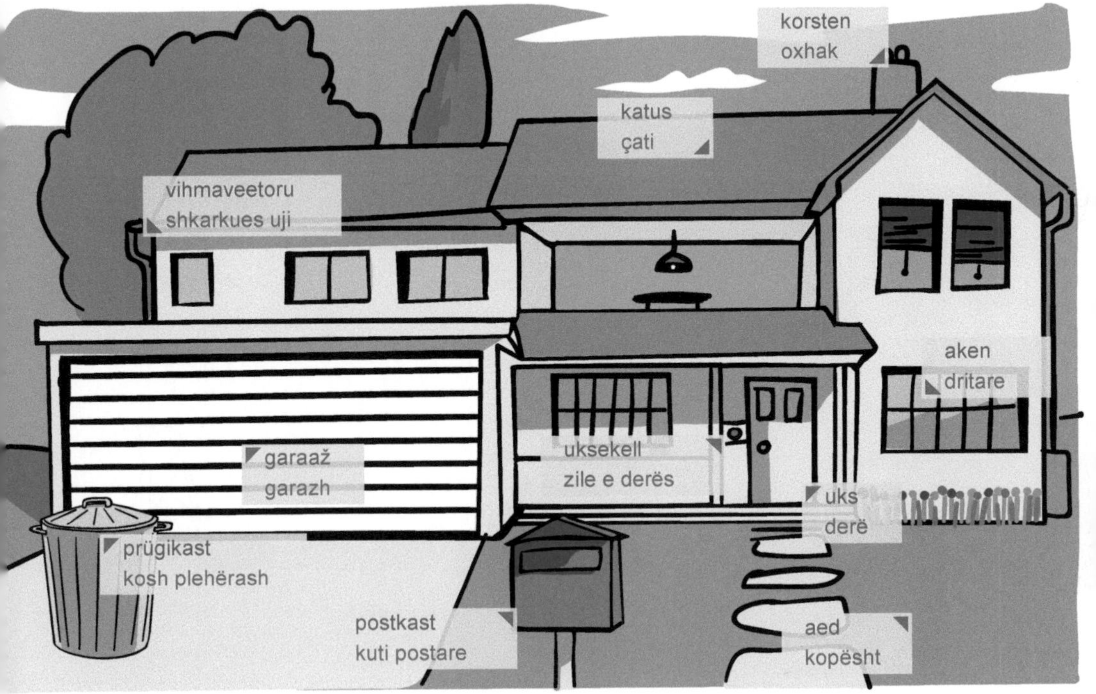
korsten
oxhak
katus
çati
vihmaveetoru
shkarkues uji
aken
dritare
garaaž
garazh
uksekell
zile e derës
uks
derë
prügikast
kosh plehërash
postkast
kuti postare
aed
kopësht

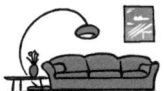

elutuba
dhomë ndenjeje

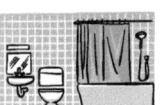

vannituba
tualet

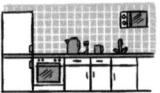

köök
kuzhinë

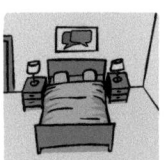

magamistuba
dhomë gjumi

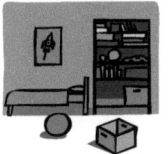

lastetuba
dhomë fëmijësh

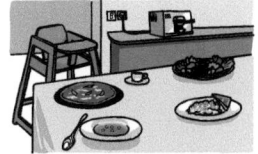

söögituba
dhomë ngrënieje

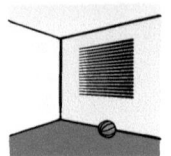

põrand

dysheme

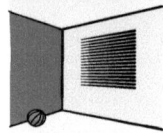

sein

mur

lagi

tavan

kelder

bodrum

saun

sauna

rõdu

ballkon

terrass

tarracë

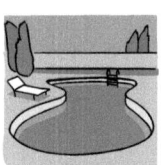

bassein

pishinë

muruniiduk

kositëse bari

voodilina

çarçaf

päevatekk

kuvertë

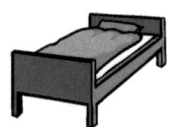

voodi

krevat

luud

fshesë dore

ämber

kovë

lüliti

çelës

elutuba
dhomë ndenjeje

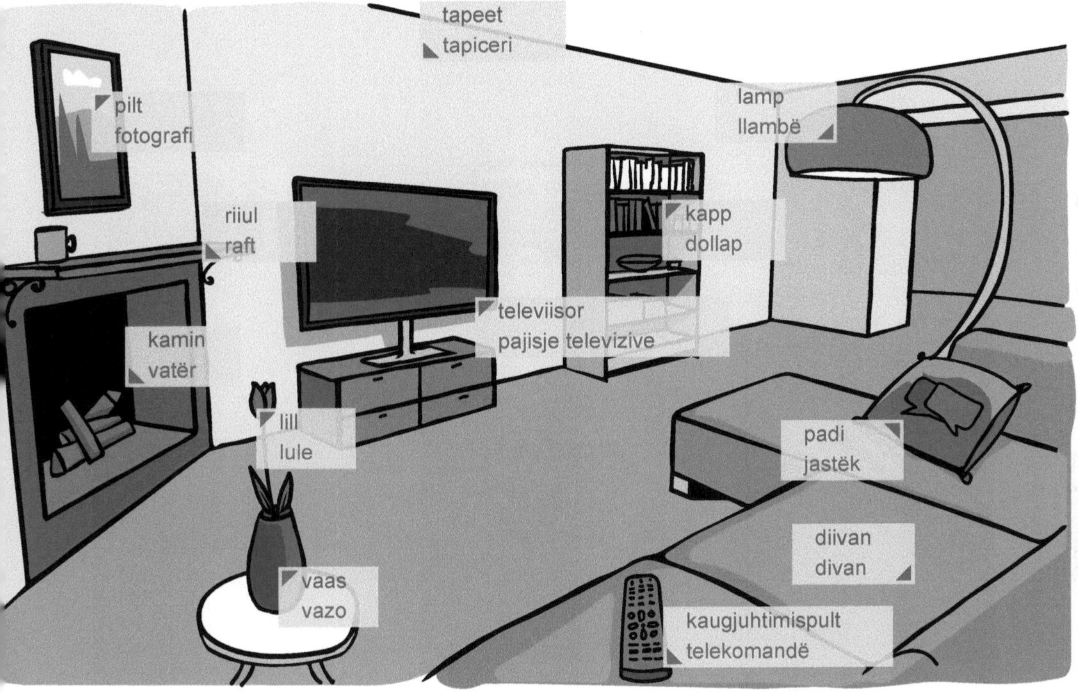
tapeet
tapiceri
pilt
fotografi
lamp
llambë
riiul
raft
kapp
dollap
televiisor
pajisje televizive
kamin
vatër
lill
lule
padi
jastëk
diivan
divan
vaas
vazo
kaugjuhtimispult
telekomandë

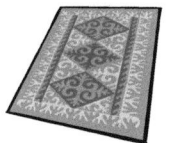

vaip

qilim

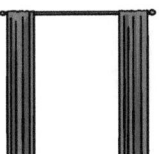

kardin

perde

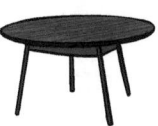

laud

tavolinë

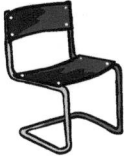

tool

karrige

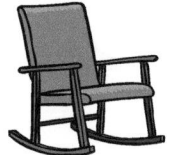

kiiktool

karrige lëkundëse

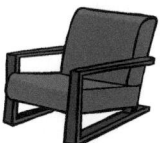

tugitool

kolltuk

raamat
libri

tekk
batanije

kaunistus
zbukurime

küttepuud
dru zjarri

film
film

helisüsteem
stereo

võti
çelës

ajaleht
gazetë

maal
pikturë

plakat
afishe

raadio
radio

märkmik
bllok shënimesh

tolmuimeja
fshesë me korent

kaktus
kaktus

küünal
qiri

köök
kuzhinë

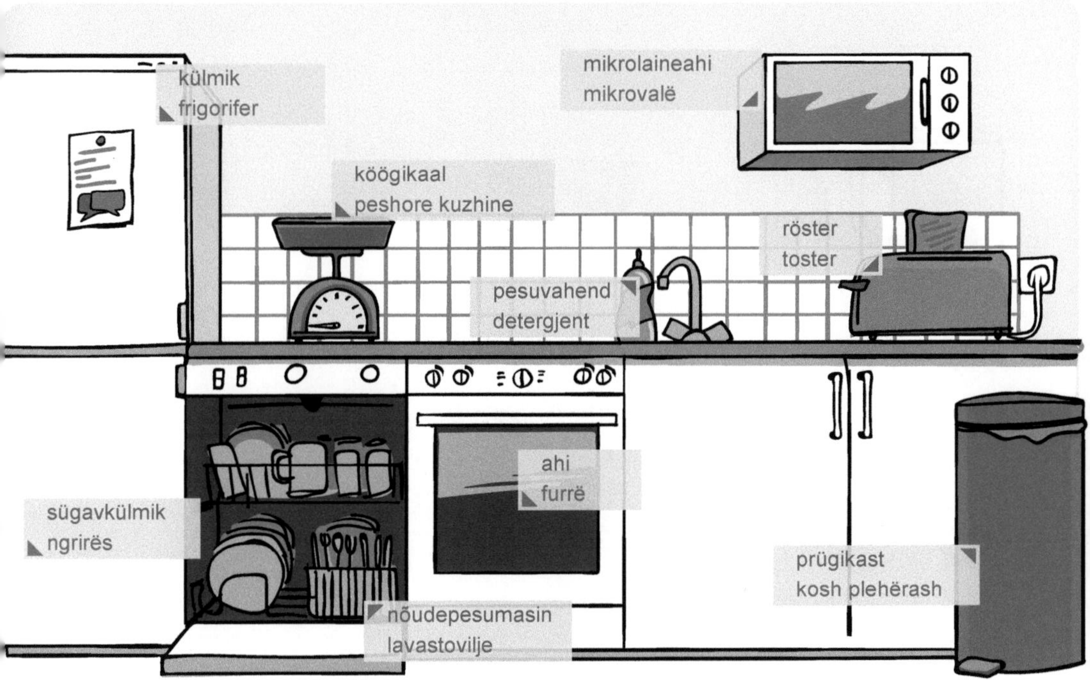

külmik
frigorifer
mikrolaineahi
mikrovalë
köögikaal
peshore kuzhine
röster
toster
pesuvahend
detergjent
ahi
furrë
sügavkülmik
ngrirës
prügikast
kosh plehërash
nõudepesumasin
lavastovilje

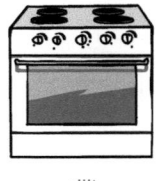

pliit
sobë

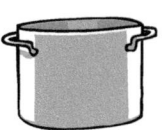

pott
tenxhere

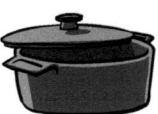

malmpott
tenxhere me kapak

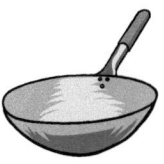

vokkpann
tigan special (Wok)

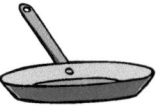

pann
tigan

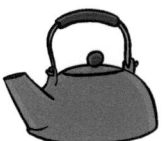

veekeetja
çajnik

aurutaja

tenxhere me avull

küpsetusplaat

tavë pjekjeje

lauanõud

enë

kruus

filxhan

kauss

tas

söögipulgad

shkopinj

kulp

garuzhde

pannilabidas

spatul

vispel

tel kuzhine

kurn

kulluese

sõel

sitë

riiv

rende

uhmer

havan

grill

skarë

lahtine tuli

zjarr

lõikelaud

dërrasë për prerje

tainarull

okllai

korgitser

heqëse tapash

konservipurk

kanaçe

konserviavaja

hapëse kanaçeje

pajakinnas

rrobë për të kapur
tenxheren

kraanikauss

lavaman

hari

furçë

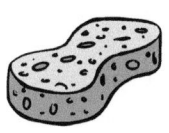

pesukäsn

sfungjer

kannmikser

përzjerës

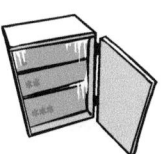

sügavkülmuti

ngrirës

lutipudel

biberon për lëngje

segisti

rubinet

vannituba
tualet

küte
ngrohje
käterätik
peshqirë
mullivann
vaskë me shkumë
dušš
dush
dušikardin
perde dushi
vann
vaskë
klaas
gotë
pesumasin
lavatriçe
segisti
rubinet
plaadid
pllaka
pissipott
oturak
kraanikauss
lavaman

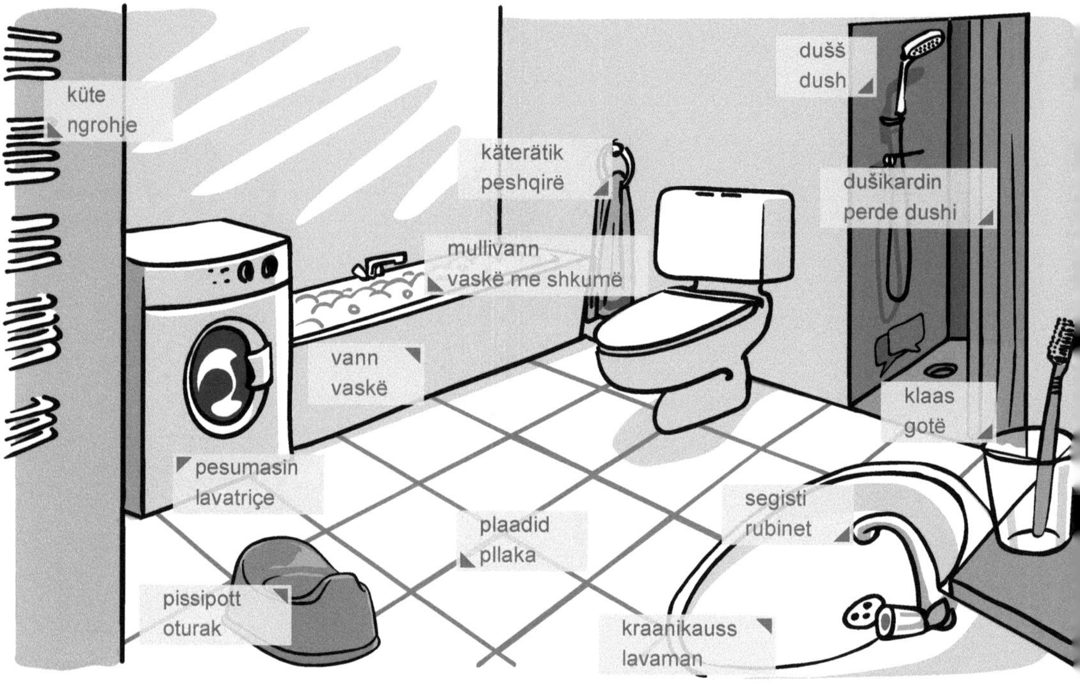

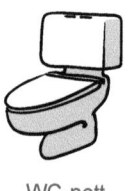

WC-pott

tualet

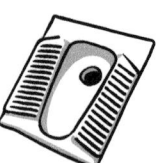

kükitamistualett

WC e sheshtë

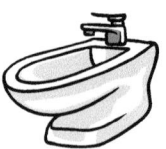

bidee

bide

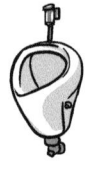

pissuaar

tualet publik

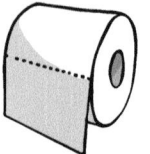

tualettpaber

letër higjienike

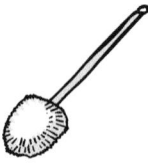

WC-hari

furçe për WC

hambahari

furçë dhëmbësh

hambapasta

pastë dhëmbësh

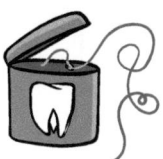

hambaniit

fije dentare

pesema

laj

käsidušš

dorezë dushi

intiimdušš

larës për zonën intime

pesukauss

legen

seljahari

furçë për masazh shpine

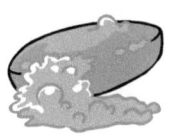

seep

sapun

dušigeel

shampo trupi

šampoon

shampo

vamm

leckë pastruese

äravool

kullues

kreem

krem

deodorant

antidjersë

peegel

pasqyrë

käsipeegel

pasqyrë dore

habemenuga

brisk rroje

raseerimisvaht

shkumë rroje

habemevesi

locion pas rrojes

kamm

krehër

hari

furçë

föön

tharëse flokësh

juukselakk

llak për flokët

meigikomplekt

grim

huulepulk

buzëkuq

küünelakk

manikyr

vatt

mbushje pambuku

küünekäärid

gërshërë për thonj

parfüüm

parfum

tualett-tarvete kott
çantë për sendet personale

taburet
Stol

kaal
peshore

hommikumantel
robëdëshambër

kummikindad
dorashka gome

tampoon
tampon

hügieeniside
peceta higjienike

keemiline tualett
tualet I lëvizshëm

lastetuba
dhomë fëmijësh

äratuskell
orë me zile
pehme mänguasi
lodra me pellushë
mänguauto
makinë lodër
kõristi
rraketake
nukumaja
shtëpi kukullash
kingitus
dhuratë

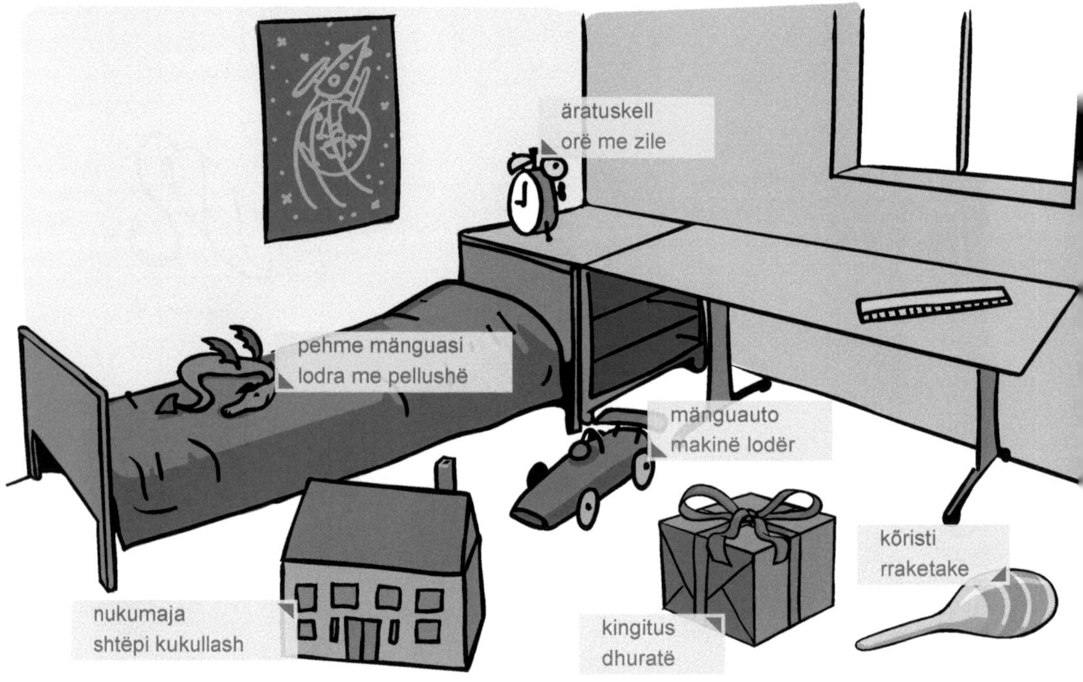

õhupall

tollumbace

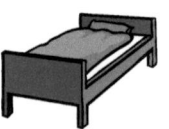

voodi

krevat

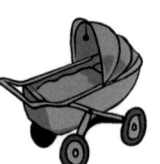

lapsevanker

karrocë fëmijësh

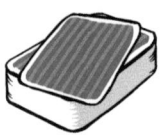

kaardipakk

lojë me letra

pusle

bashkim pjesësh me figura

SUPER
MEGA

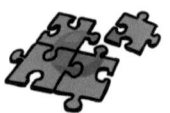

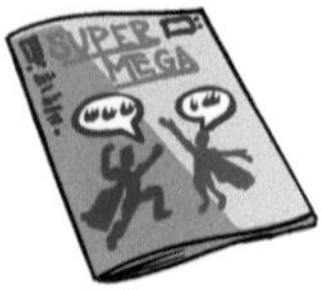

koomiks

komik

Lego klotsid

formuese lodër

klotsid

kuba plastikë

kujuke

lodra

siputuspüksid

badi

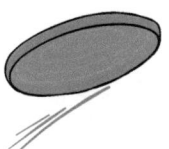

lendav taldrik

frizbi

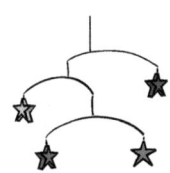

voodikarussell

lodra të varura tek krevati i fëmijëve

lauamäng

tavolinë lojërash

täringud

zare

mudelrong

model treni

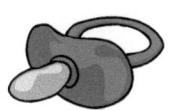

lutt

biberon

pidu

festë

pildiraamat

libër me ilustrime

pall

top

nukk

kukull

mängima

luaj

liivakast

grumbull rëre

kiik

kolovarëse

mänguasjad

lodra

mängukonsool

leva për lojra video

kolmerattaline jalgratas

triçikël

mängukaru

arush prej pellushi

riidekapp

garderobë

riietus

veshje

sokid

çorape

sukad

çorape të gjata

sukkpüksid

geta

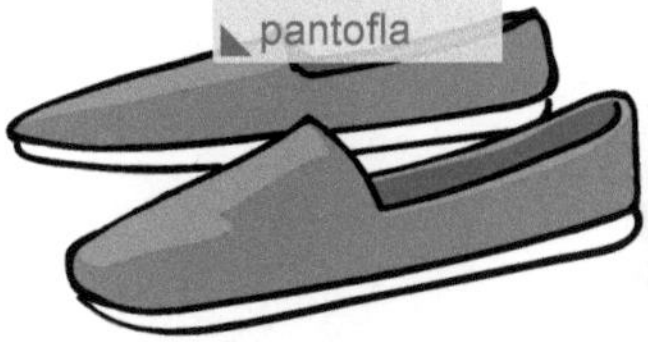

sall
shall

vihmavari
çadër

T-särk
bluzë pa jakë

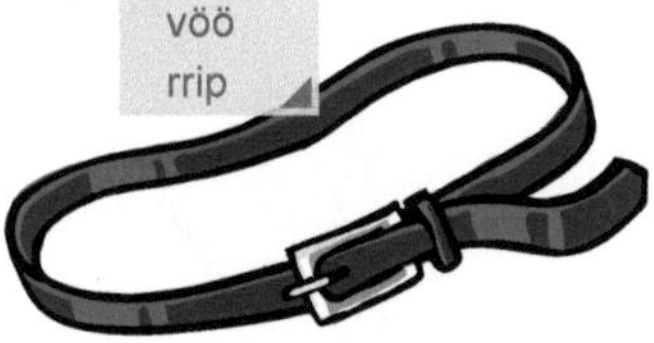

vöö
rrip

saapad
çizme

sussid
pantofla

tossud
atlete

sandaalid
sandale

jalatsid
këpucë

kummikud
çizme llastiku

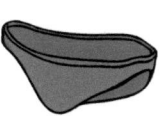
aluspüksid
të mbathura

rinnahoidja
reçipeta

vest
kanotierë

bodi
trup

püksid
pantallona

teksapüksid
xhinse

seelik
fund

pluus
bluzë

särk
këmishë

sviiter
pulovër

dressipluus
triko

bleiser
xhaketë

jakk
xhaketë

mantel
pallto

vihmamantel
mushama shiu

kostüüm
kostum

kleit
fustan

pulmakleit
fustan nusërie

ülikond

kostum

öösärk

këmishë nate

pidžaama

pizhama

sari

sari (veshje tradicionale indiane)

pearätt

shami koke

turban

çallmë

burka

veshje për femrat e besimit musliman

kaftan

kaftan (lloj veshjeje tradicionale)

abayah

ferexhe

ujumistrikoo

kostum banje

ujumispüksid

rroba banje

lühikesed püksid

pantallona të shkurtra

dressid

tuta sporti

põll

përparëse

kindad

dorashka

nööp

kopsë

prillid

syze

käevõru

byzylyk

kaelakee

gjerdan

sõrmus

unazë

kõrvarõngas

vath

nokamüts

kapuç

riidepuu

varëse për pallto

kaabu

kapele

lips

kravatë

tõmblukk

zinxhir

kiiver

helmetë

traksid

tiranda

koolivorm

uniformë shkolle

vormirõivad

uniformë

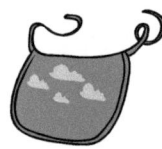

pudipõll

gushore

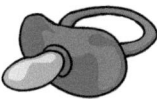

lutt

biberon

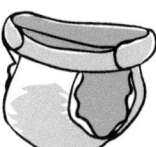

mähe

pelenë

kontor

zyrë

server
server
arhiivikapp
skedar
printer
printer
paber
letër
monitor
ekran
hiir
maus
kirjutuslaud
tavolinë
kaust
dosje
klaviatuur
tastierë
paberikorv
kosh letrash
tool
karrige
arvuti
kompjuter

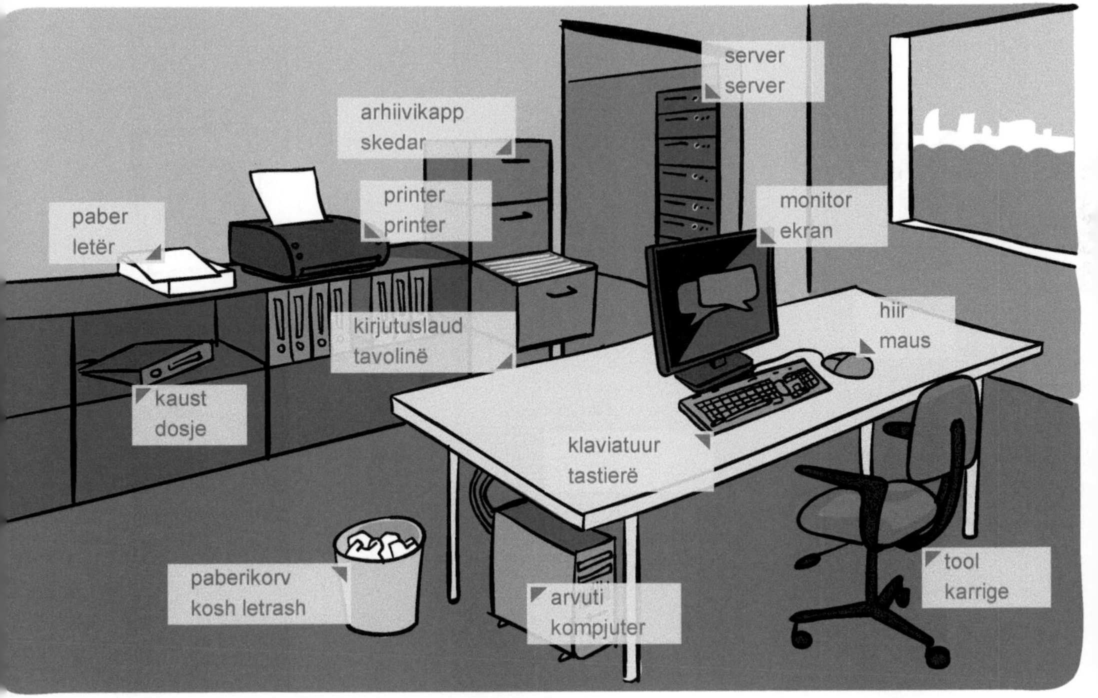

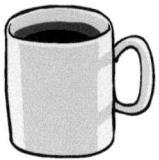

kohvikruus

filxhan kafeje

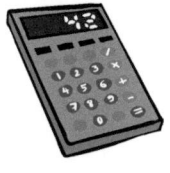

kalkulaator

makinë llogaritëse

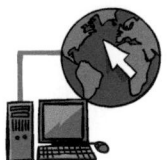

internet

internet

sülearvuti

kompjuter portativ

kiri

letër

sõnum

mesazh

mobiiltelefon

telefon

võrk

rrjet

koopiamasin

fotokopje

tarkvara

program

telefon

telefon

pistikupesa

prizë

faksimasin

pajisje faksi

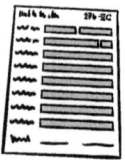

vorm

formular

dokument

dokument

ostma

blej

maksma

paguaj

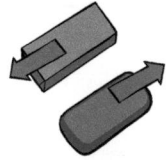

vahetama

tregtoj

raha

para

dollar

dollar

euro

euro

jeen

jen

rubla

rubla

Šveitsi frank

franga zvicerane

renminbi jüaan

juani kinez

ruupia

rupje

sularahaautomaat

bankomat

valuutavahetuspunkt

pikë këmbimi valutor

kuld

ar

hõbe

argjend

nafta

nafta

energia

energji

hind

çmim

leping

kontratë

maks

taksë

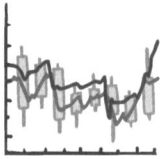

aktsia

aksione

töötama

punoj

töötaja

punonjës

tööandja

punëdhënës

tehas

fabrikë

kauplus

dyqan

ametid
profesionet

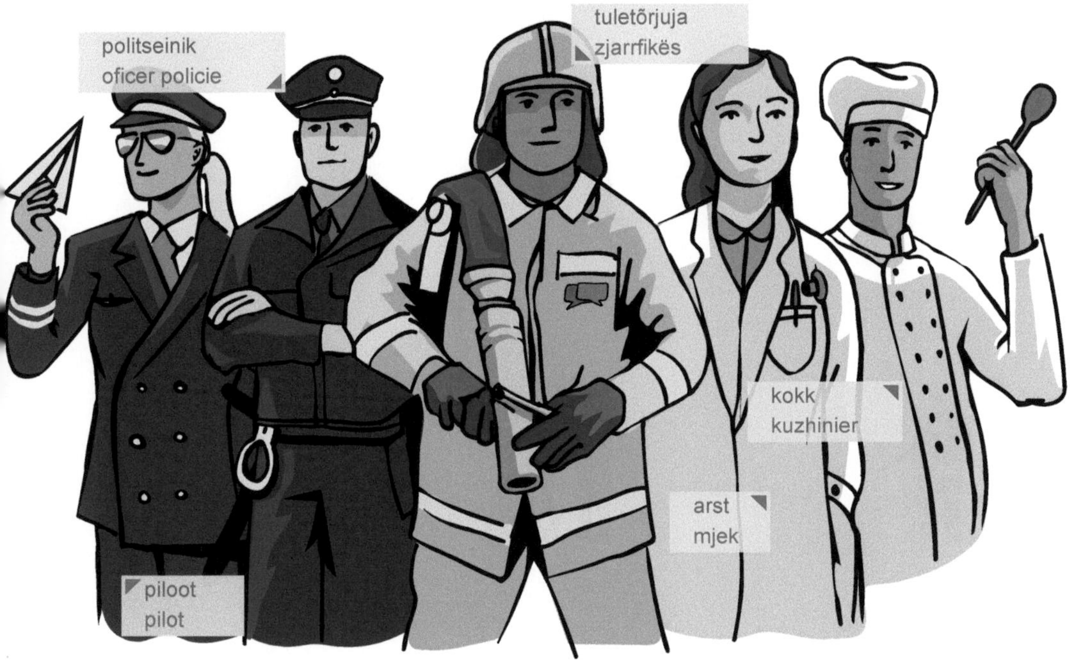
tuletõrjuja
zjarrfikës
politseinik
oficer policie
kokk
kuzhinier
arst
mjek
piloot
pilot

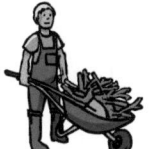

aednik

kopshtar

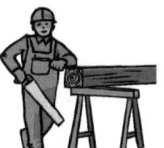

puusepp

marangoz

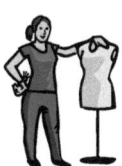

õmbleja

rrobaqepëse

kohtunik

gjykatës

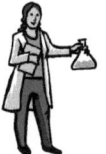

keemik

kimist

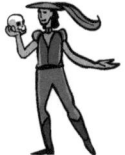

näitleja

aktor

bussijuht

shofer autobuzi

taksojuht

taksist

kalamees

peshkatar

koristaja

pastruese

katusepaigaldaja

riparues çatish

kelner

kamarier

jahimees

gjuetar

maaler

piktor

pagar

furrxhi

elektrik

elektriçist

ehitaja

ndërtues

insener

inxhinier

lihunik

kasap

torumees

hidraulik

postiljon

postieri

sõdur

ushtar

arhitekt

arkitekt

kassapidaja

arkëtar

lillemüüja

luleshitës

juuksur

berber

piletikontrolör

kontrollor

mehaanik

mekanik

kapten

kapiten

hambaarst

dentist

teadlane

shkencëtar

rabi

rabin

imaam

imam

munk

murg

preester

klerik

tööriistad
mjete

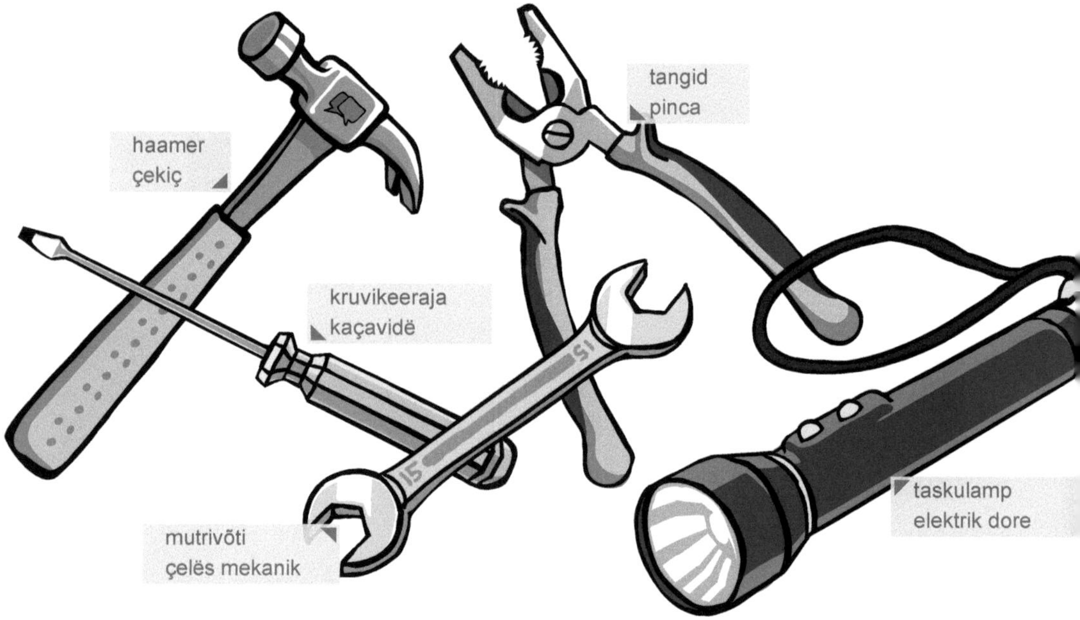
haamer
çekiç
tangid
pinca
kruvikeeraja
kaçavidë
mutrivõti
çelës mekanik
taskulamp
elektrik dore

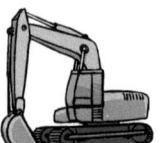

ekskavaator

ekskavator

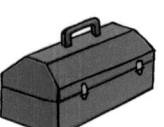

tööriistakast

kuti veglash

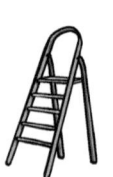

redel

shkallë

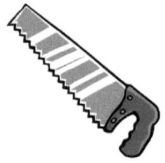

saag

sharrë

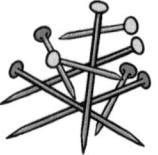

naelad

gozhdë

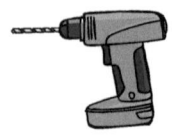

trell

trapan

parandama
riparoj

labidas
lopatë

Põrgusse!
Dreq!

kühvel
kaci

värvipott
kuti boje

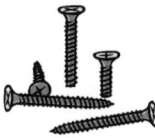

kruvid
vidhë

pillid
instrumenta muzikorë

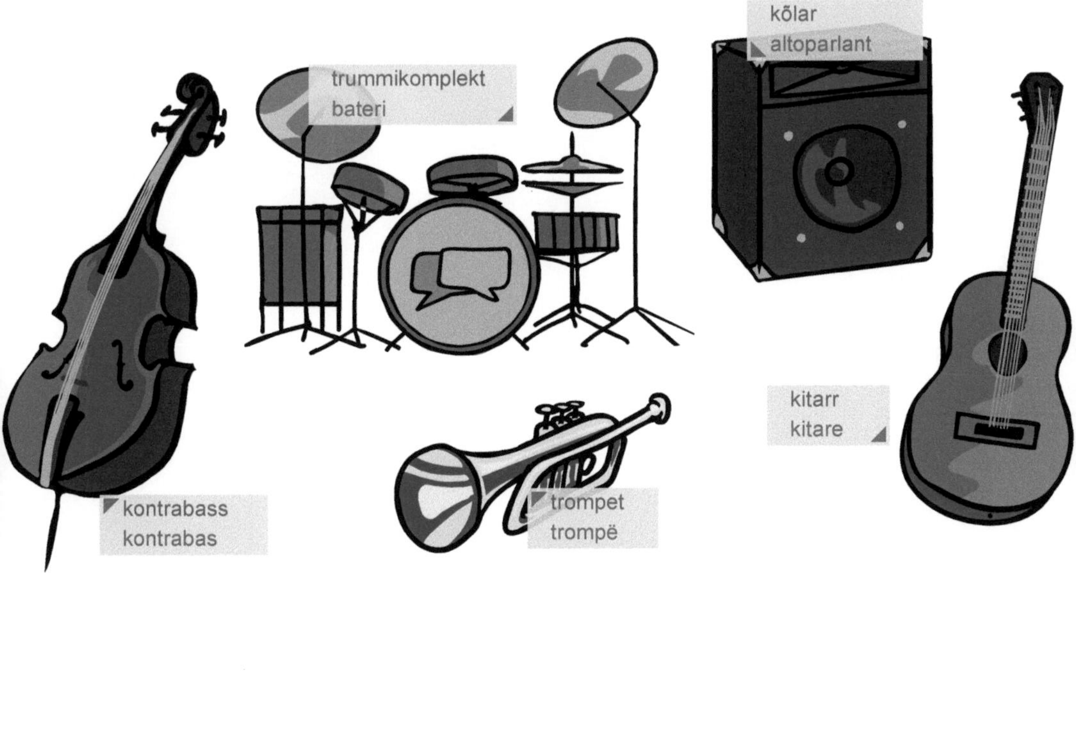

trummikomplekt
bateri

kõlar
altoparlant

kitarr
kitare

kontrabass
kontrabas

trompet
trompë

klaver

piano

viiul

violinë

bass

bas

timpan

tamburë

trummid

daulle

süntesaator

tastierë pianoje

saksofon

saksofon

flööt

flaut

mikrofon

mikrofon

loomaaed
kopsht zoologjik

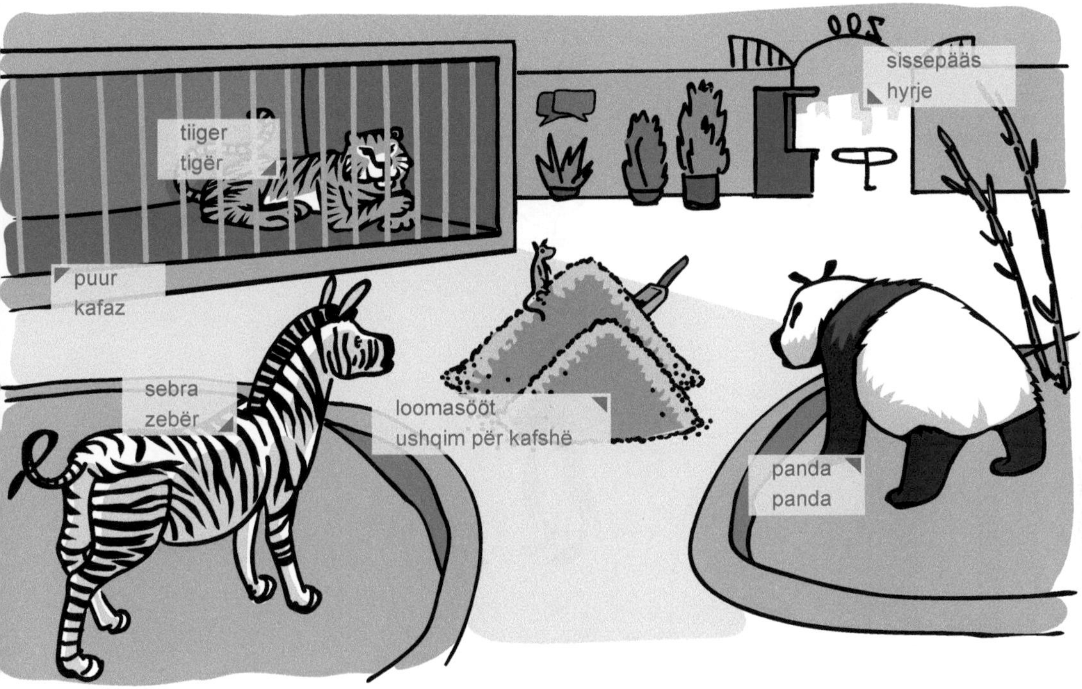
sissepääs
hyrje
tiiger
tigër
puur
kafaz
sebra
zebër
loomasööt
ushqim për kafshë
panda
panda

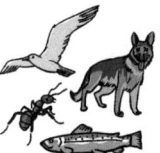

loomad

kafshë

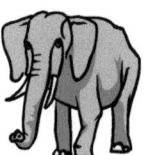

elevant

elefant

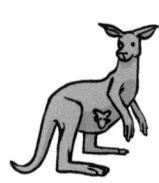

känguru

kangur

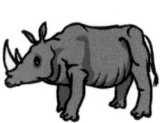

ninasarvik

rinoceront

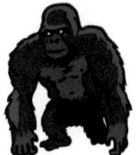

gorilla

gorillë

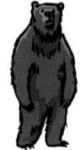

karu

ari

kaamel

deve

jaanalind

struc

lõvi

luan

ahv

majmun

flamingo

flamingo

papagoi

papagall

jääkaru

ari polar

pingviin

pinguin

hai

peshkaqen

paabulind

pallua

madu

gjarpër

krokodill

krokodil

loomaaiatalitaja

punonjës i kopshtit zoologjik

hüljes

fokë

jaaguar

xhaguar

poni

poni

leopard

leopard

jõehobu

hipopotam

kaelkirjak

gjirafë

kotkas

shqiponjë

metssiga

derr i egër

kala

peshk

kilpkonn

breshkë

morsk

lopë deti

rebane

dhelpër

gasell

gazelë

Ameerika jalgpall
futboll amerikan

jalgrattasõit
çiklizëm

tennis
tenis

korvpall
basketboll

ujumine
not

poksimine
boks

jäähoki
hokej mbi akull

jalgpall
futboll

sulgpall
badminton

kergejõustik
atletikë

käsipall
hendboll

suusatamine
ski

polo
polo

tegevused
aktivitet

naerma
qesh
hüppama
hidhem
kallistama
përqafoj
jalutama
eci
laulma
këndoj
unistama
ëndërroj
palvetama
lutem
suudlema
puth

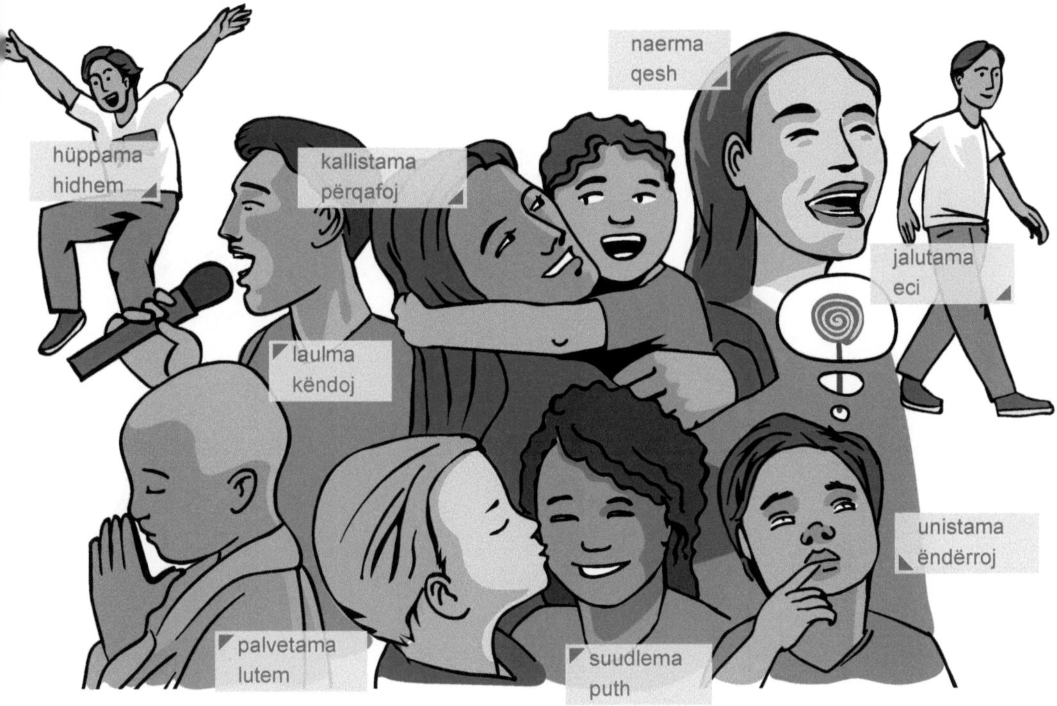

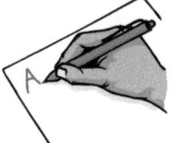

kirjutama

shkruaj

joonistama

vizatoj

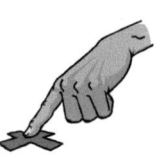

näitama

tregoj

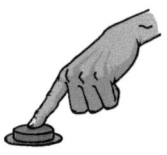

lükkama

shtyj

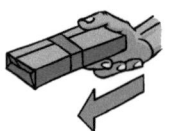

andma

jap

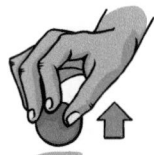

võtma

marr

omama

kam

tegema

bëj

olema

jam

seisma

qëndroj

jooksma

vrapoj

tõmbama

tërheq

viskama

hedh

kukkuma

bie

lamama

shtrihem

ootama

pres

kandma

mbaj

istuma

ulem

riidesse panema

vishem

magama

fle

ärkama

zgjohem

vaatama

shikoj

nutma

qaj

paitama

përkëdhel

kammima

kreh

rääkima

bisedoj

aru saama

kuptoj

küsima

kërkoj

kuulama

dëgjoj

jooma

pi

sööma

ha

korrastama

sistemoj

armastama

dashuroj

süüa tegema

gatuaj

sõitma

drejtoj makinën

lendama

fluturoj

purjetama

lundroj

arvutama

llogaris

lugema

lexoj

õppima

mësoj

töötama

punoj

abielluma

martohem

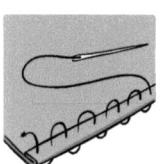

õmblema

qep

hambaid pesema

laj dhëmbët

tapma

vras

suitsetama

tymos

saatma

dërgoj

vanaema
gjyshe

vanaisa
gjysh

isa
baba

ema
nënë

imik
bebe

tütar
vajzë

poeg
djalë

külaline

mysafir

tädi

teze, hallë

onu

dajë, xhaxha

vend

vëlla

õde

motër

keha

trupi

otsmik
balli
silm
syri
õlg
shpatulla
sõrm
gishti
nägu
fytyra
lõug
mjekra
käsi
dora
jalg
këmba
rind
kraharori
käsivars
krahu

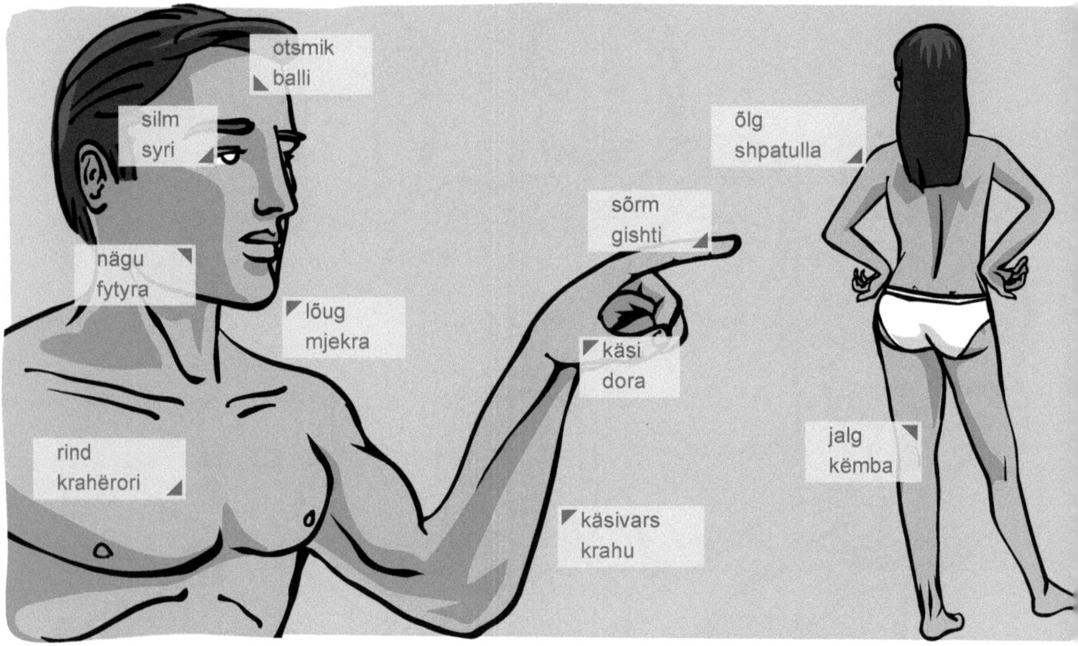

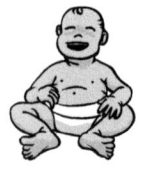

imik
bebe

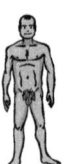

mees
burrë

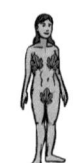

naine
grua

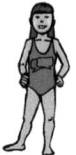

tüdruk
vajzë

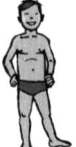

poiss
djalë

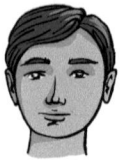

pea
koka

selg

shpina

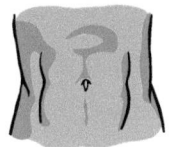

kõht

barku

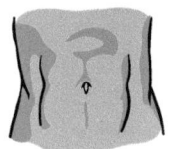

naba

kërthiza

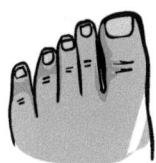

varvas

gisht këmbe

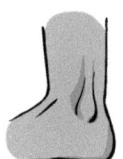

kand

Thembra

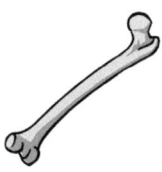

luu

kockë

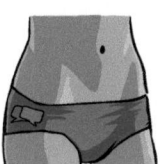

puus

legeni

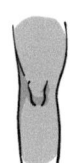

põlv

gjuri

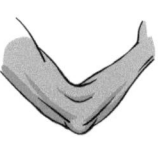

küünarnukk

bërryli

nina

hunda

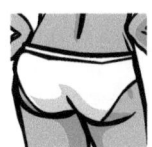

tagumik

vithe

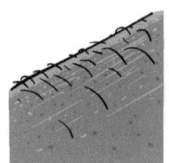

nahk

lëkura

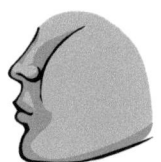

põsk

faqja

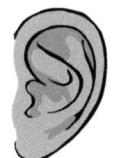

kõrv

veshi

huuled

buza

keha - trupi

suu
goja

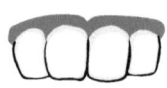

hammas
dhëmbët

keel
gjuha

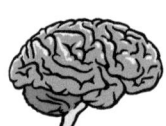

aju
truri

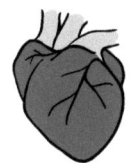

süda
zemra

lihas
muskul

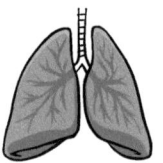

kops
mushkëria

maks
mëlçia

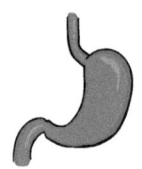

magu
stomaku

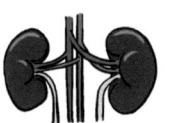

neerud
veshka

seksuaalvahekord
seks

kondoom
prezervativ

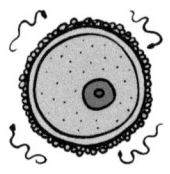

munarakk
veza

sperma
sperma

rasedus
shtatëzani

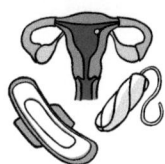

menstruatsioon

menstruacione

vagiina

vagina

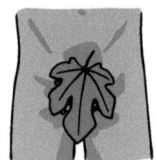

peenis

penis

kulm

vetulla

juuksed

flokët

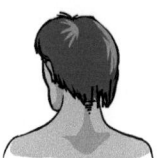

kael

qafa

haigla

spital

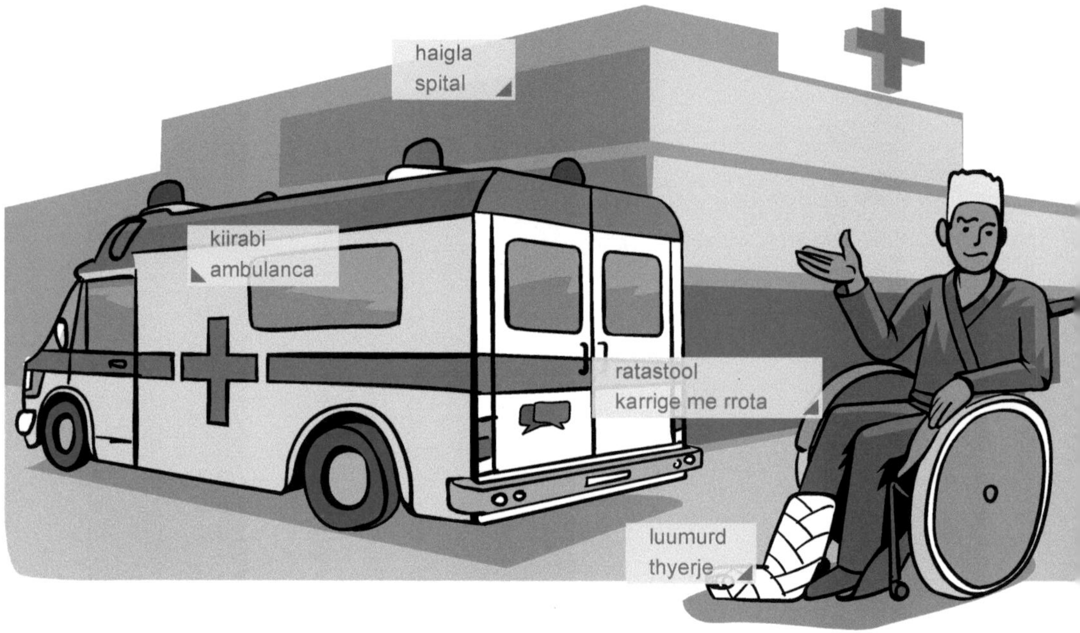

haigla
spital
kiirabi
ambulanca
ratastool
karrige me rrota
luumurd
thyerje

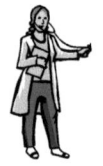

arst

mjek

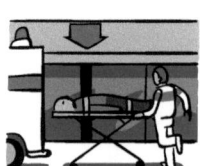

traumapunkt

sallë urgjencash

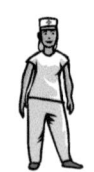

meditsiiniõde

infermiere

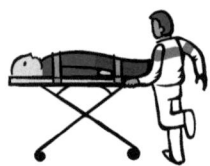

hädaolukord

emergjencë

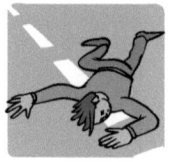

teadvuseta

i pandërgjegjshëm

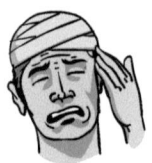

valu

dhimbje

vigastus

dëmtim

verejooks

gjakosje

südamerabandus

infarkt

insult

goditje

allergia

alergji

köha

kolla

palavik

ethe

gripp

grip

kõhulahtisus

diarre

peavalu

dhimbje koke

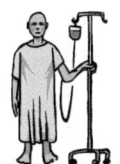

vähk

kancer

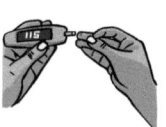

diabeet

diabet

kirurg

kirurg

skalpell

bisturi

operatsioon

operacion

haigla - spital

KT
CT (skaner)

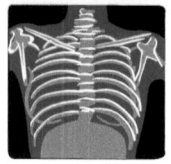

röntgen
radiografi

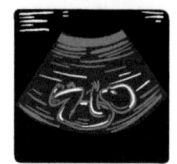

ultraheli
ultratingull

mask
maskë fytyre

haigus
sëmundje

ooteruum
dhomë pritjeje

kark
paterica

kips
leukoplast

side
fasho

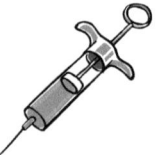

süst
injeksion

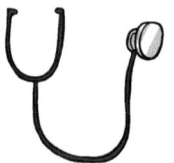

stetoskoop
stetoskop

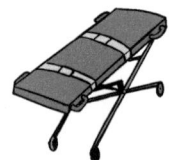

kanderaam
barelë

kraadiklaas
termometër

sünd
lindje

ülekaaluline
mbipeshë

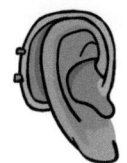

kuuldeaparaat

aparat dëgjimi

desinfektsioonivahend

dezinfektant

põletik

infeksion

viirus

virus

HIV / AIDS

HIV / AIDS

meditsiin

mjekësi, mjekim

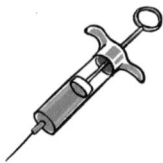

vaktsineerimine

vaksinim

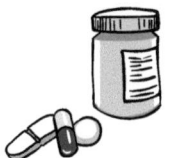

tabletid

tableta

pill

pilulë

hädaabikõne

telefonatë emergjence

vererõhuaparaat

aparat tensioni

haige / terve

i sëmurë / i shëndetshëm

Appi!

Ndihmë!

häire

alarm

kallaletung

sulm

rünnak

atak

oht

rrezik

avariiväljapääs

dalje emergjence

Tulekahju!

Zjarr!

tulekustuti

fikëse zjarri

õnnetus

aksident

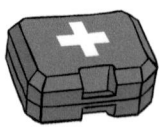

esmaabikomplekt

kuti e ndimës së shpejtë

SOS

SOS

politsei

policia

Euroopa

Europa

Põhja-Ameerika

Amerika e Veriut

Lõuna-Ameerika

Amerika e Jugut

Aafrika

Afrika

Aasia

Azia

Austraalia

Australia

Atlandi ookean

Atlantiku

Vaikne ookean

Paqësori

India ookean

Oqeani Indian

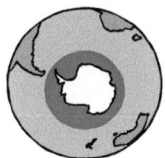

Lõuna-Jäämeri

Oqeani Antarktik

Põhja-Jäämeri

Oqeani Arktik

põhjapoolus

Poli i veriut

lõunapoolus
Poli i Jugut

Antarktika
Antarktida

Maa
toka

maismaa
tokë

meri
det

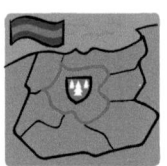

saar
ishull

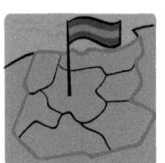

rahvus
komb

riik
shtet

sihverplaat

fusha e orës

tunniosuti

akrepi i orës

minutiosuti

akrepi i minutave

sekundiosuti

akrepi i sekondave

Mis kell on?

Sa është ora?

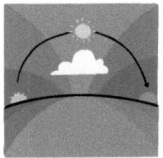

päev

ditë

aeg

kohë

praegu

tani

digitaalne kell

orë dixhitale

minut

minutë

tund

orë

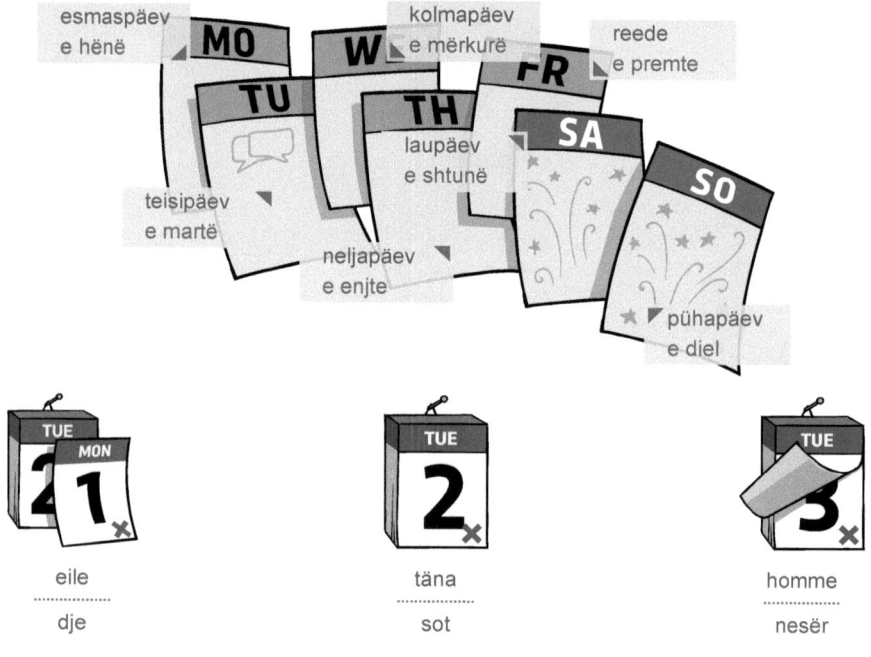

esmaspäev
e hënë

kolmapäev
e mërkurë

reede
e premte

teisipäev
e martë

laupäev
e shtunë

neljapäev
e enjte

pühapäev
e diel

eile

dje

täna

sot

homme

nesër

hommik

mëngjes

lõuna

mesditë

õhtu

mbrëmje

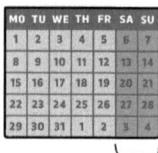

tööpäevad

ditë pune

nädalavahetus

fundjavë

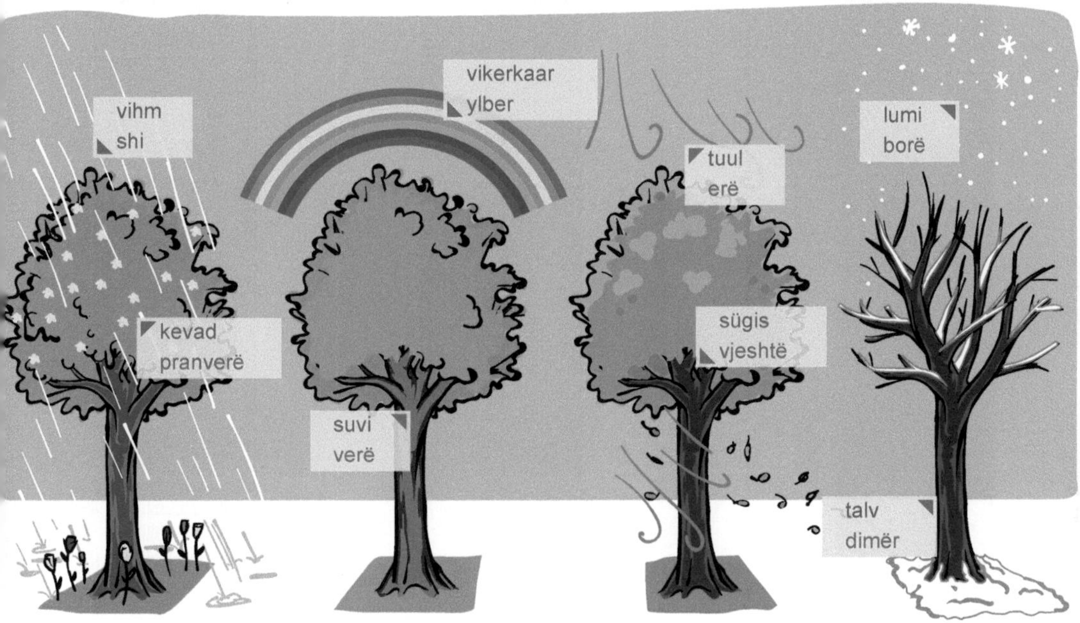

vihm
shi

vikerkaar
ylber

tuul
erë

lumi
borë

kevad
pranverë

suvi
verë

sügis
vjeshtë

talv
dimër

4.APRIL	11°	☀
5.APRIL	4°	☁
6.APRIL	13°	☁
7.APRIL	8°	❄
8.APRIL	10°	☀

ilmaennustus

parashikimi i motit

termomeeter

termometër

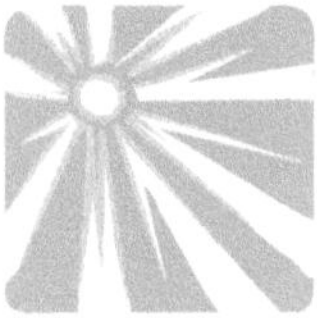

päikesepaiste

ndriçim dielli

pilv

re

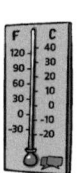

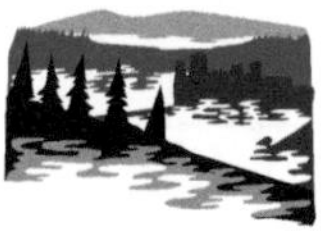

udu

mjegull

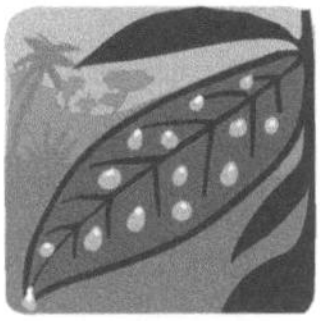

niiskus

lagështi

pikne
vetëtima

kõu
gjëmim

torm
stuhi

rahe
breshër

mussoon
muson

üleujutus
përmbytje

jää
akull

jaanuar
janar

veebruar
shkurt

märts
mars

aprill
prill

mai
maj

juuni
qershor

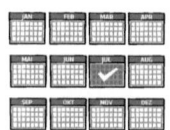

juuli
korrik

august
gusht

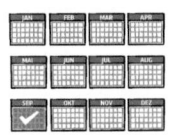

september
....
shtator

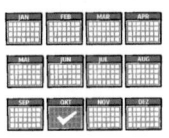

oktoober
....
tetor

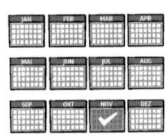

november
....
nëntor

detsember
....
dhjetor

kujundid
forma

ring
....
rreth

ruut
....
katror

nelinurk
....
drejtkëndësh

kolmnurk
....
trekëndësh

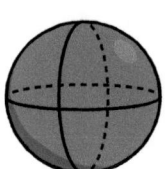

kera
....
sferë

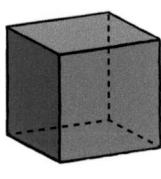

kuup
....
kub

valge
e bardhë

kollane
e verdhë

oranž
portokalli

roosa
rozë

punane
e kuqe

lilla
vjollcë

sinine
blu

roheline
e gjelbër

pruun
kafe

hall
gri

must
e zezë

palju / vähe

shumë / pak

vihane / rahulik

i nevrikosur / i qetë

ilus / inetu

i bukur / i shëmtuar

algus / lõpp

fillim / fund

suur / väike

i madh / i vogël

hele / tume

i ndritshëm / i errët

vend / õde

vëlla / motër

puhas / must

e pastër / e pistë

täielik / puudulik

e plotë / jo e plotë

päev / öö

ditë / natë

surnud / elus

gjallë / vdekur

lai / kitsas

i gjerë / i ngushtë

söödav / mittesöödav

i ngrënshëm / i pangrënshëm

kuri / sõbralik

i keq / i këndshëm

põnevil / tüdinud

i lumtur / i mërzitur

paks / peenike

i shëndoshë / i dobët

esimene / viimane

e para / e fundit

sõber / vaenlane

mik / armik

täis / tühi

plot / bosh

kõva / pehme

e fortë / e butë

raske / kerge

e rëndë / e lehtë

nälg / janu

uri / etje

haige / terve

i sëmurë / i shëndetshëm

ebaseaduslik / seaduslik

e paligjshme / e ligjshme

tark / rumal

i zgjuar / budalla

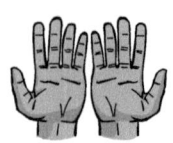

vasak / parem

majtas / djathtas

lähedal / kaugel

afër / larg

uus / kasutatud

e re / e përdorur

mitte midagi / midagi

asgjë / diçka

vana / noor

i moshuar / i ri

sees / väljas

ndezur / fikur

lahti / kinni

hapur / mbyllur

vaikne / vali

i qetë / i zhurmshëm

rikas / vaene

i pasur / i varfër

õige / vale

e drejtë / e gabuar

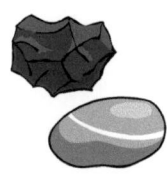

kare / sile

i ashpër / i butë

kurb / rõõmus

i mërzitur / i lumtur

lühike / pikk

i shkurtër / i gjatë

aeglane / kiire

ngadalë / shpejt

märg / kuiv

i lagësht / i thatë

soe / jahe

ngrohtë / freskët

sõda / rahu

luftë / paqe

0	**1**	**2**
null	üks	kaks
zero	një	dy

3	**4**	**5**
kolm	neli	viis
tre	katër	pesë

6	**7**	**8**
kuus	seitse	kaheksa
gjashtë	shtatë	tetë

9	**10**	**11**
üheksa	kümme	üksteist
nentë	dhjetë	njëmbëdhjetë

12

kaksteist

dymbëdhjetë

13

kolmteist

trembëdhjetë

14

neliteist

katërmbëdhjetë

15

viisteist

pesëmbëdhjetë

16

kuusteist

gjashtëmbëdhjetë

17

seitseteist

shtatëmbëdhjetë

18

kaheksateist

tetëmbëdhjetë

19

üheksateist

nentëmbëdhjetë

20

kakskümmend

njëzetë

100

sada

qind

1.000

tuhat

mijë

1.000.000

miljon

milion

inglise

anglisht

Ameerika inglise

anglishte amerikane

mandariini

kinezisht mandarin

hindi

hindi

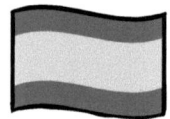

hispaania

spanjisht

prantsuse

frëngjisht

araabia

arabisht

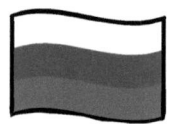

vene

rusisht

portugali

portugalisht

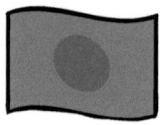

bengali

bengalisht

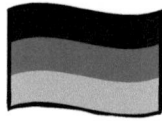

saksa

gjermanisht

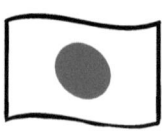

jaapani

japonisht

mina

unë

sina

ti

tema

ai / ajo

meie

ne

teie

ju

nemad

ata

kes?

kush?

mis?

çfarë?

kuidas?

si?

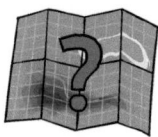

kus?

ku?

millal?

kur?

nimi

emër

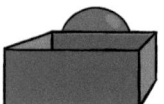

taga

pas

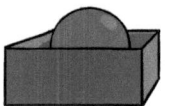

sees

në

ees

përballë

kohal

sipër

peal

mbi

all

poshtë

kõrval

pranë

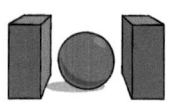

vahel

midis

koht

vend